YO

TAMBIEN

La travesía de una madre
y su propia recuperación

ME

Galia Carolina Smith MSc, PhD.

RECUPERO

*"El hacer del padre por su hijo
es hacer por sí mismo".*

Miguel de Cervantes

INTRODUCCIÓN

En agosto de 2014 mi hija fue diagnosticada por médicos ingleses con un trastorno de la conducta alimentaria (TCA). Por entonces no alcanzaba a dimensionar la profundidad de este hallazgo, ni el impacto que tendría en ella. Simplemente desconocía la compleja realidad que nos esperaba. La saqué del colegio, pensando que estaría conmigo a lo sumo dos meses, convencida de que su salud lo ameritaba. Pasamos tres años juntas en casa. Mi hija logró terminar la secundaria cumpliendo con todos los requisitos, a pesar de los innumerables retos que se nos presentaron como resultado del trastorno alimenticio. Y aunque regresó a una institución académica para certificar su título de secundaria, el trastorno continuaba merodeando en su diario vivir, como una amenaza silenciosa.

Fueron muchos los pasajes oscuros que atravesó, de todo lo cual soy testigo. Lo que empezó a sus once años con una sobrealimentación por ansiedad, pasó por una fase bulímica, para terminar en una anorexia purgativa.

Los primeros años de mi experiencia personal fueron desgarradores por mi falta de conocimiento y de orientación médica especializada. Ya han pasado siete años y la batalla continúa, pero desde otro lugar. El lugar del manejo individual que ella misma da a la situación con apoyo profesional. El lugar de la aspiración natural y legítima que tiene a una vida funcional. El lugar de la indagación personal de sus fortalezas y limitaciones y del amor incondicional que le brindamos mi esposo y yo en casa.

A lo largo de esta travesía he ido registrando mi aprendizaje, con la esperanza de que llegue a manos de algún padre, una madre, o un ser querido interesado en conocer una experiencia viva y real de quien ha lidiado con el trastorno de la alimentación. Soy consciente de que cada experiencia es única, individual y dinámica. La mía no es la excepción. Es debido a ello que este compendio solo registra lo que viví como madre, y cómo lo aprendí. Esta historia rinde un homenaje al espíritu guerrero de cada hijo o hija que sufre un trastorno alimentario, y resalta el papel vital que desempeñan el padre y la madre. Lo invito a descubrir cómo quise amar a mi hija con un trastorno alimenticio. No está bien o mal. No soy buena o mala madre, sencillamente soy una madre. Cuando me faltaron las palabras, hice dibujos. Lo que no entendí por medio de palabras, las imágenes me lo aclararon. Fue exactamente así. Esta es mi historia.

"Por ti lo haría mil veces más".

Khaled Hosseini

AGRADECIMIENTOS

Pocas personas fueron testigos de esta travesía de siete años de comienzo a fin. Por encima de todo prevaleció la discreción a la hora de compartir el sufrimiento de mi hija. Ella tiene su verdad, su recorrido y una experiencia viva de lo que es un trastorno de alimentación. Todo el agradecimiento que pueda expresar en estas líneas se lo debo en primer lugar a ella. Me enseñó y me sigue enseñando la maravillosa e irrefutable experiencia de compartir a su lado. Aquí comparto mi verdad abierta y escueta acerca de lo que viví, lo que sentí, y mi búsqueda en procura de saber ser la madre que ella necesitaba.

Mayo 2022

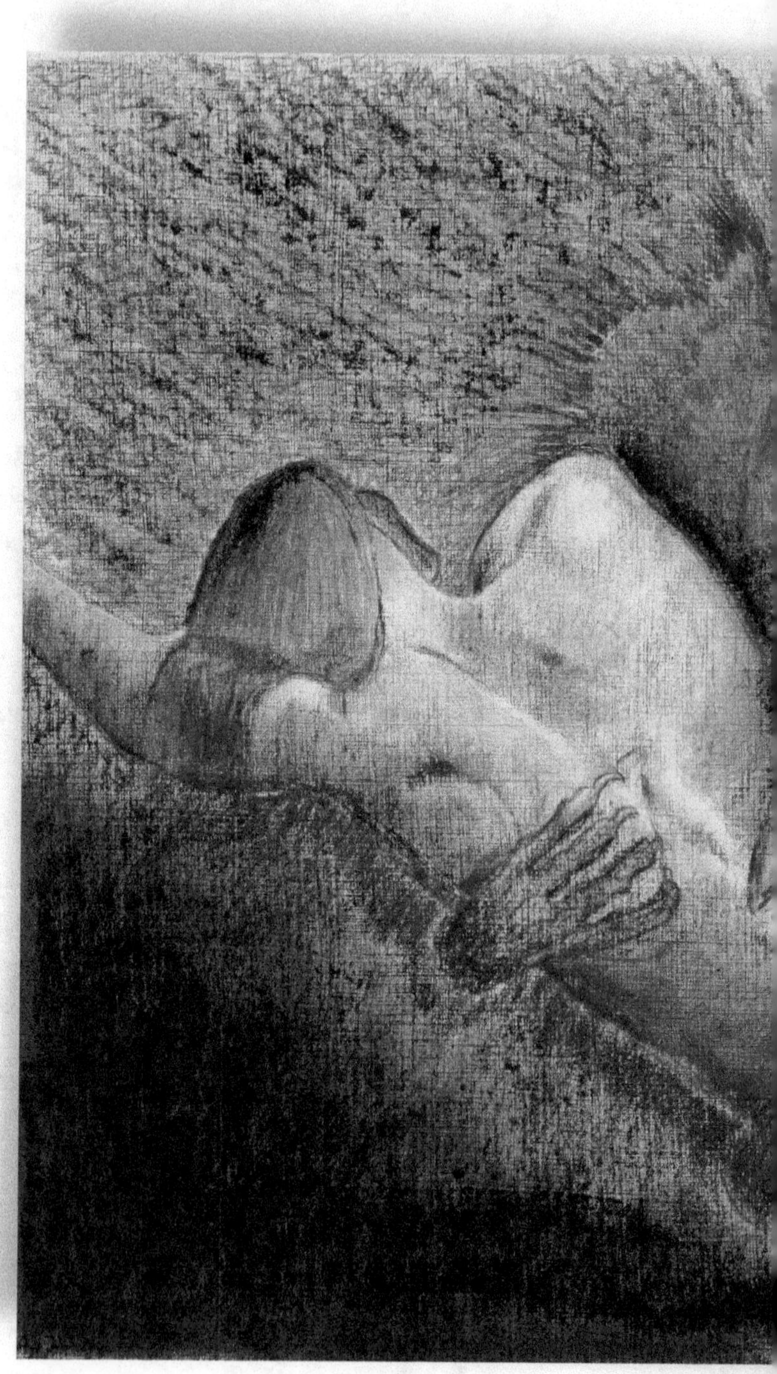

YO TAMBIÉN ME RECUPERO

DÍA 1

Mi hija de doce años ha perdido mucho peso. Siempre le ha gustado la comida. Ahora la veo demasiado delgada. Por eso he decidido llamar al médico general y me ha dicho que la lleve a su consultorio para una revisión. Y aunque no soy médica especialista, al escuchar las respuestas de mi hija en el consultorio quedo totalmente alarmada. La médica me sugiere una remisión inmediata a la clínica infantil experta en trastornos de conducta alimentaria.

Su corazón debilitado por una pérdida de peso de más de quince kilos en menos de seis meses me recuerda lo frágil que es la vida. Paralizada, la miro, y todavía no entiendo qué fue lo que pasó. La reunión con la siquiatra infantil resulta devastadora. Calculando cuidadosamente sus palabras nos revela que el problema de mi hija tomará como mínimo diez años de tratamiento multidisciplinario para una posible recuperación, pero debemos comprender que no hay certezas. Remata advirtiendo que se trata de una enfermedad siquiátrica con alto riesgo de muerte.

Ver a un hijo sufriendo una enfermedad capaz de provocar su muerte nos puede debilitar el cuerpo y también dificultar nuestra manera de actuar y responder. Tras recibir el diagnóstico, ya en casa, me sentí muy extraña; un sensor de piloto automático se activó en mí. Era el automático del hacer. Atendía a mi hija de manera sofocante y exasperada. Pasaban los días y no podía parar de moverme. Tampoco conseguía conciliar el sueño. De repente, al cabo de dos o tres semanas, un fuerte dolor físico en el lugar donde se encuentra el corazón me obligó a hacer un alto. Era un dolor tan fuerte que solo me permitía llorar. Por varias horas lloré mi impotencia ante las noticias de lo que aquejaba a mi hija. Sentí mucho temor de perderla.

"Algunos de los héroes más grandes han confesado que justo antes de entrar en combate les entró un momentáneo temor".

Peter Pan (James Matthew Barrie)

DÍA 2

El servicio de salud pública local nos ha recomendado asistir a los grupos de padres. Mi esposo y yo acudimos y lo encuentro difícil. Nos animan a participar y yo no tengo palabras. Me cuesta verbalizar de manera ordenada la espesa nube instalada en mi mente. Al escuchar a todos y cada uno de los padres verter tanto dolor, siento náuseas. Sus historias llenas de sufrimiento, empapadas de impotencia, me producen escalofrío. Dejo de escuchar. Mi aparato mental, acostumbrado a sentir el dolor del otro a través de mi trabajo como socióloga estudiosa de poblaciones vulnerables, no consigue responder esta vez. Solo tengo la impresión de que me voy a caer de la silla.

Mi esposo y yo decidimos que él asistirá a las charlas de padres, mientras que yo permaneceré en casa con mi hija. Él tomó unos días libres de su trabajo y empezó a leer la literatura que nos ofrecieron. Creí que necesitaba tiempo para digerir esta nueva realidad y permitir que se asentara dentro de mí. Busco ansiosamente mi calma mental en medio de la tormenta.

*"Son nuestras decisiones, Harry,
las que muestran quienes somos realmente,
más allá de nuestras habilidades".*

Harry Potter y la Cámara de los Secretos (J.K.Rowling)

DÍA 3

Quiero entender qué es un trastorno de conducta alimentaria. Leo la literatura una y otra vez. Me dice que es una afectación grave de la salud mental. Un patrón persistente de alimentación errada con una manera de pensar acerca de la comida. Como resultado, se puede comer mucho menos o mucho más de lo que el cuerpo necesita. Este comportamiento está asociado a una angustia emocional, física, social, o de cualquier otro tipo. Aunque entiendo esta parte teórica de los desórdenes alimenticios, no logro empalmarlo con la experiencia traumática y de terror que vive mi hija.

Mi afán algo obsesivo por entender lo que le pasa a mi hija me lleva a revisar una multitud de documentos, experiencias de personas adultas que han vivido la misma enfermedad; mi conclusión es que mi hija de doce años es víctima de un huésped invasor de su pensamiento, que le impuso una manera de relacionarse con la comida de manera arbitraria. Ese huésped, poco a poco, se ha convertido en un dictador, arrinconando la verdadera personalidad de mi hija. Ese huésped, en este caso la anorexia, tiene voz y se alimenta del cuerpo humano. Cada vez que mi hija pierde peso es porque la anorexia se ha fortalecido y la voz con que le habla se vuelve más potente. Veo a mi hija amedrentada si no obedece al tirano. Anoche soñé que la anorexia era un mandril, más parecido a un agresivo babuino. Es un ente manipulador. Aunque suene un poco dramático y cargado de peso imaginario, esa parte visual me ha ayudado a entenderlo. Decidí dibujarlo.

"Hay algo más importante que la lógica, es la imaginación".

Alfred Hitchcock

DÍA 4

He empezado a leer la literatura para padres y veo que mi hija presenta síntomas de la enfermedad. Estos comportamientos los había asumido como parte de su personalidad, pero ahora que lo pienso mejor, posiblemente no sean rasgos que la describen, sino algo que requiere atención; por ejemplo, el permanecer tan callada por horas (conducta que no era usual en ella), o su disposición para complacer a todos, un tanto desmedida. Con frecuencia la veo aterrorizada, vulnerable y emocionalmente frágil. Trata de evitar todo contacto social. La veo sometida a una especie de regresión, como si quisiera compañía sin admitirlo. Ha pedido compotas de bebé y quiere que le compre comidas que vengan en cubos muy pequeños. Se coloca en posición fetal en su cama mientras le ofrezco la compañía que tanto anhela.

No todos los niños van a presentar el mismo comportamiento que detallan los libros. Sin embargo, al leer las manifestaciones de la enfermedad, descubro lo difícil que es discernir entre los cambios en el comportamiento como resultado de la evolución normal de los chicos a esa edad y los que son provocados exclusivamente por la enfermedad. Solo un acercamiento cariñoso y genuino de un padre o una madre puede ayudar a esclarecer lo que sucede con ella y lo que necesita.

"Las cosas no son siempre lo que parecen".

Aladino (John August , Guy Ritchie y Vanessa Taylor)

DÍA 5

Me desespero cuando veo a mi hija mal, y pienso que de alguna manera debo ayudarle a resolver su problema. Ese, creo, es el trabajo de toda madre o padre. Sé que los trastornos de conducta alimentaria tardan mucho tiempo en desarrollarse y su tratamiento requiere conocimiento, comprensión y paciencia. Por eso mismo, con el paso de los días me pregunto muchas veces: ¿Cuál es mi papel como madre de una niña de doce años con un trastorno alimentario? En el fondo, sé que mi tarea es acompañarla, que, aunque pudiera parecer poco, es mucho. Solo estar allí para ella, mi presencia, mi escucha, mi preocupación, mi mejor deseo para que ella mejore, es la tarea. Adicionalmente, lo mejor que puedo hacer es seguir las pautas dictadas por los profesionales de la salud especializados en trastornos de la alimentación que ven a mi hija. Debo resistir el deseo de controlarlo todo y a todos los que me rodean.

Hay una línea muy tenue que separa el comportamiento controlador (propio de quien usualmente se siente inseguro), del de un cuidador (quien desinteresadamente vela por la mejoría y salud del otro). Proceden de lugares diferentes, pero pueden asemejarse bastante. El control distancia, el cuidado acerca. Cuando mi hija no quiere seguir las pautas alimentarias y de comportamiento, me enojo. Ahora bien, ¿vino ese enojo porque ella no siguió las pautas? ¿O porque no hizo lo que yo dije? Hay mil y una maneras de entender las pautas, de revisarlas con ella para que esté mejor y las encuentre manejables. Solo hay una manera de complacer a una mamá controladora, y es obedeciendo ciegamente el ego de la señora.

"Lo que necesitaba era solo una persona, un adulto inteligente y comprensivo que le ayudara a entender".

Matilda (Roald Dahl)

DÍA 6

¡Me sorprende ver cómo mi hija tiene en su cabeza el número de calorías de cada cosa que come! ¡Madre mía; es una calculadora que camina! Su capacidad matemática maravilla. Desafortunadamente la está utilizando para dar rienda suelta a su enfermedad. Ella es una chica muy lista y con altísimo potencial para llegar lejos en lo que se proponga. De otra parte, veo que se rehúsa a comer aquello que no puede cuantificar en calorías. Definitivamente los trastornos alimentarios tienen una base: querer el control.

Al ver en acción el componente de control que forma parte importante de los trastornos de alimentación, me cuestiona también mi propio deseo de controlar. Me doy cuenta de que es posible llegar a tener a toda la familia enganchada en un juego por controlar al otro. Mi hija querrá controlar lo que come y yo querré controlar lo que ella no come. Quizás sea importante darle espacios de control donde ella pueda ejercer autonomía, como ocurre cuando elige su ropa, estilo personal, su peinado, o los lugares que quiere visitar con sus amigas. Y cerrar la posibilidad de que ella pueda controlar su cena, o el tamaño de sus porciones. Estas las seguiremos sirviendo como se indica en el menú que se nos ha entregado.

*"Se debe pedir a cada cual,
lo que está a su alcance realizar".*

El principito (Antoine de Saint-Exupéry)

DÍA 7

Me agobia pensar que el trastorno alimentario de mi hija se desarrolló por mi culpa. Por momentos pretendo que los trastornos alimentarios no son tan graves y que mi hija va a estar bien. Otras veces me enojo y con frecuencia lloro desconsoladamente. Está bien sentir, hay que permitirlo. Sin embargo, no tiene sentido buscar culpables. Es un trastorno que se desarrolla por una combinación de factores. Yo, deliberadamente, escojo vivir el presente; ella está aquí hoy y yo también. Me siento agradecida.

"No tengo un trastorno alimentario". Esa es una observación interesante que le hice al terapeuta de turno alguna vez, cuando me sugirió recibir terapia psicológica. No lo veía necesario. Tal vez porque sentía que al elegir ser tratada psicológicamente estaba admitiendo que, de alguna manera, el trastorno alimentario de mi hija era mi culpa. Hoy veo las cosas de manera diferente. Si fue culpa mía o no, es irrelevante. ¿Por qué sale mi ego a danzar aquí? Y si tengo la alimentación desordenada o un desorden de la alimentación, pues es importante entenderlo; la terapia psicológica me ayudará a enfrentarlo mejor. Además, ¿cómo puedo ayudar en la recuperación de mi hija si ni siquiera entiendo lo que significa una recuperación? Mi propia recuperación tiene que comenzar por entender lo que implica una recuperación. Más aún, si el ayudarme a mí misma redunda en poder ayudar a mi hija y apoyarla mejor, pues bienvenida la terapia; quiero intentarlo.

"No puedes quedarte en tu rincón del bosque esperando que otros vengan a ti. Tienes que ir a ellos a veces".

Winnie-the-Pooh (Alan Alexander Milne)

DÍA 8

La primera vez que presentí que algo no estaba bien con mi hija, debatí en mi mente si en realidad tenía un desorden en su alimentación. Aunque había bajado mucho de peso de seguro era algo pasajero, sin razón para alarmarse. Sin embargo, algo dentro de mí insistía en que las cosas no estaban nada bien. Su temperamento alegre y jovial parecía haberse extinguido. Yo hablaba con otras madres y buscaba afirmación en ellas. Empecé a leer sobre la infancia y los cambios en los chicos, y me tranquilizaba saber que los expertos no tenían nada claro. No obstante, había comenzado a perder mi paz interior.

Hay una verdad personal que vive dentro de cada madre. El verdadero coraje nos lleva a dejar de evitar esa voz maternal y a escucharla. Esa luz constante nos llama a actuar cuando nuestros hijos lo necesitan. Hoy dejo que la voz de madre me guíe para saber ayudar a mi hija; para fortalecerme en momentos difíciles y en los de calma. Incluso cuando he agotado todos mis recursos, esta vocecilla me dice que lo mejor es soltar y permitir que mi hija se encuentre por sí misma, que profesionales de la salud la guíen, y a mí también.

*"Solo con el corazón se puede ver.
Lo esencial es invisible a los ojos".*

El principito (Antoine de Saint-Exupéry)

DÍA 9

Las pocas veces que mi hija consiente participar en conversaciones más o menos largas y sostenidas conmigo pareciera que desvaría. Como que no tiene sentido lo que dice. Me cuenta que le asusta la comida, lo cual suena muy extraño. En otras ocasiones me dice que yo no la quiero, que la encuentro desagradable y fea. Me entristece que piense eso. Y hay otros momentos en que me pide que la ayude, que admite no saber por qué se siente tan mal, que dentro de su cabeza hay alguien que le dice groserías y no le gusta escucharlas. Se siente culpable y mortificada por lo que le ocurre.

La literatura expone claramente que una es la voz de la chica o el chico con el trastorno y otra la voz de la enfermedad. Por lo general la enfermedad se manifiesta a través de comportamientos o palabras que apuntan justo a aquello que es nocivo para el paciente. Proviene de la enfermedad el miedo a la grasa, a los carbohidratos, a comidas lácteas, o a cualquier alimento que pueda ayudar a recuperar el peso corporal perdido. De la enfermedad misma procede el miedo a todo aquello que mi hija podría disfrutar. Todo contenido negativo, destructivo o que amenaza la salud del paciente también provienen de la enfermedad. Mi tarea ha sido discernir cual es la voz de mi hija y cuál es la voz de la enfermedad.

Si conociéramos el verdadero fondo de todo tendríamos compasión hasta de las estrellas".

Graham Greene

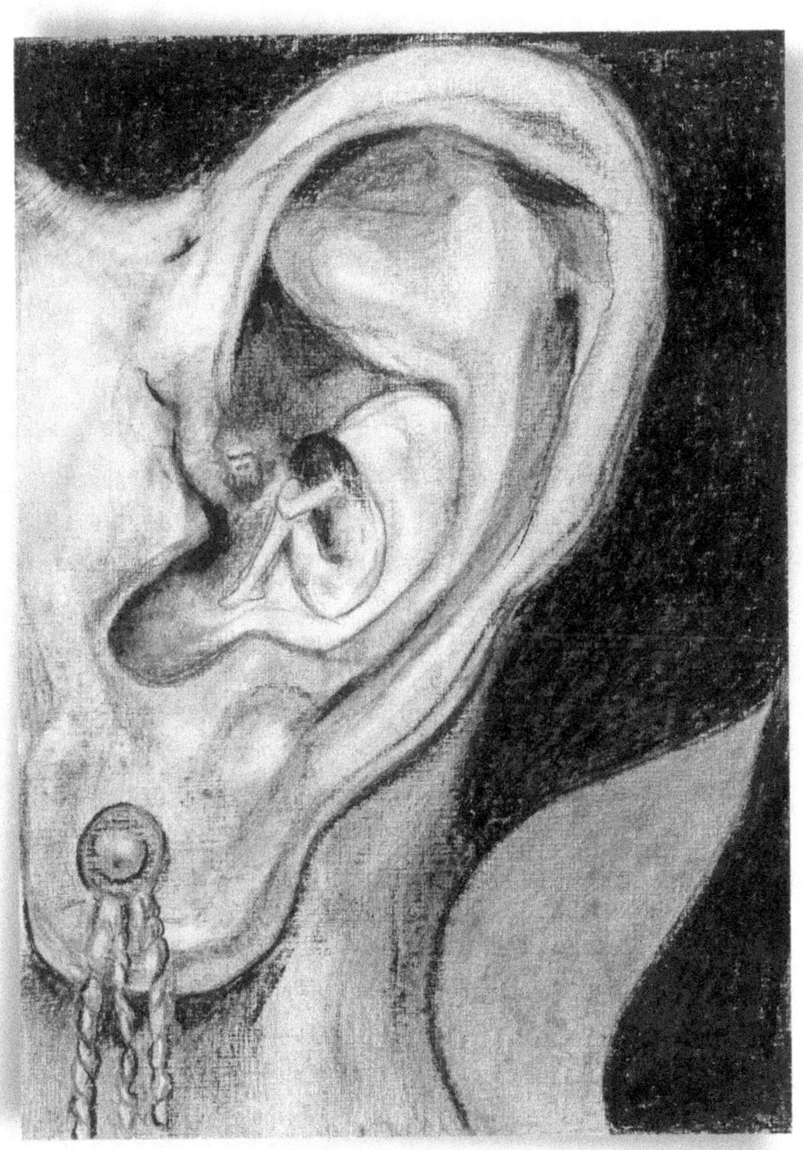

DÍA 10

Cuando preparo la cena y mi hija no come, me lo tomo como algo muy personal. De alguna manera creo que las madres somos las reinas de la alimentación en la familia. Cuando algo como un trastorno alimentario se escabulle y entra a la mesa del comedor, esa conducta parece desafiar deliberadamente el amor que se quiere expresar a través de los alimentos y su preparación. Con el tiempo he aprendido que los alimentos no son amor. El amor es aquello que impulsa la acción de dar. Es esa generosidad, la comprensión y el deseo de bienestar gratuito y sin expectativas.

Cuando mi hija se rehúsa a comer, pienso que su mundo mental requiere algo más. De pronto el regalo de la escucha, un abrazo, o sencillamente compañía en silencio. Me acerco de manera cariñosa, con razonamientos claros y, sin desistir, espero a su lado a que su mente y su cuerpo estén listos para recibir.

De alguna manera me parece difícil, me frustra cuando alguien se niega a recibir de mí lo que quiero ofrecer. Despierta viejas heridas de rechazo, imágenes de límites no deseados, y me obliga a reconciliar en mi interior la idea de recibir que llevo adentro y la que hay en los demás. Parece que existe una divergencia en mi manera de evaluar los actos de dar y recibir. Desenredar mi funcionamiento interno respecto al acto mismo de servir y ser servido, ser el dador o receptor de algo, y lo que espero que otros reciban de mí, abre mi comprensión a las complejidades de nuestras historias de psiques individuales y la formación de significado.

"Tendré que soportar dos o tres orugas si quiero conocer a las mariposas".

El principito (Antoine de Saint-Exupéry)

DÍA 11

La mejor amiga de mi hija vino a verla. Ella se rehusó a recibirla. Su amiga insistió mucho; quería entregarle un regalo de navidad. Tuve que decirle que volviera en otro momento. Pasaron los días y reapareció en la puerta varias veces con el regalo. Una cajita muy pequeña. No sé por qué, pero le dije que me la diera con cierta frialdad. Eran pastillas laxantes para "ayudarle" a mi hija a perder peso.

La tarea como madre de un chico con un trastorno alimentario implica protegerle del daño que él o ella se pueden infligir, y eso incluye cuidar el entorno. Dicha tarea no siempre es muy clara; resulta tan fácil cometer errores de sobreprotección, con graves consecuencias para su desarrollo, como desprotegerlos cuando más lo necesitan.

"Cuando el cuello de un niño está en peligro, uno no se detiene demasiado a pensar acerca de los sentimientos".

Agatha Christie

DÍA 12

Con el paso de los meses han ido apareciendo síntomas físicos como resultado de la desnutrición de mi hija. Palidez, temperatura muy baja, reflujo y problemas de distención abdominal, no solo por la cantidad de ácido estomacal sino por la afectación de los demás órganos. Su piel está reseca, presenta insomnio, letargia, amenorrea, labios y manos moradas, pérdida del cabello, aumento de vello corporal, mal aliento y muchos otros síntomas más... Cada uno significa una señal de alerta del cuerpo, que me impulsa a seguir buscando ayuda en procura de su pronta recuperación.

La premisa de que una madre puede hacer algo para detener el curso y evolución de la enfermedad de su hijo ha rondado mi mente por mucho tiempo, así sea inconscientemente. Hoy descanso en la certeza que no tengo el poder de detener ninguna enfermedad, pero sí puedo acompañar a mi hija. La literatura me inspira a ser como el delfín, que nada a su lado durante las altas y bajas de su enfermedad.

Has estado tan lejos y te he tenido tan cerca....
Temo a las distancias".

Alejandro Lanús

DÍA 13

Necesito ayuda de algún tipo. No sé exactamente cuál. Me siento muy perdida, o quizás me estoy perdiendo. Es por esa razón que he decidido ir a la iglesia local. Ignoro qué tipo de iglesia sea, no importa, solo entiendo que está muy cerca de mi casa y podré conocer a la gente del pueblo. Me ha gustado que las personas son amables y pienso que el mensaje de bondad es lo que necesito. Intentaré animar a mi hija, pues en esta iglesia hay grupos de chicos de su edad.

Al ser extranjera en un pequeño pueblo de cotidianidad rural es muy posible desarrollar una vida solitaria. Nunca pensé sentirme tan desarraigada. Y no creo que lo que siento sea bueno o malo. Hay árboles de raíces profundas y otros que no necesitan irse tan hondo para crecer. Ahora, sin embargo, añoro la cercanía que permite la lengua nativa y las costumbres del lugar de origen. Hoy quise preguntar a mi familia si podrían visitarme. Me alegraría mucho esa sorpresa. Sé que a mi hija le sentaría muy bien ver a su abuela.

*"Es sabiduría reconocer la necesidad, cuando
todos los otros cursos
ya han sido considerados".*

El señor de los anillos (J.R.R. Tolkien)

DÍA 14

Me preocupa mucho la temperatura tan baja de mi hija y quiero solucionar el problema. Pongo mantas en su cama y traigo la bolsa de agua caliente. Le preparo sopa y bebidas humeantes. Enciendo la calefacción y sin embargo sigue muy fría. Es apenas uno de los varios síntomas que continúo tratando de resolver en mi mente. En realidad ella no quiere que le ayude a subir su temperatura. Se quita las mantas y se pone camisetas de manga corta. Encuentro la bolsa de agua caliente en el piso. Apaga la calefacción de su habitación, tira la sopa y la comida por el inodoro o la basura y duerme con las ventanas abiertas, todo para quemar más calorías.

La insistencia en procurar aliviar los síntomas corporales de la anorexia solo tiene sentido si se le explica al chico o a la chica las razones por las que es importante recibir cuidado. Creo que he debido invertir más tiempo y energía hablando con ella antes de "ayudarle" con su temperatura corporal por mi propia cuenta. Desafortunadamente no sabía por entonces que en su razonamiento podía existir alguna limitación o carencia capaz de impedirle alinearse con su propia recuperación.

"Porque la experiencia misma es un modo de conocimiento que exige entendimiento".

Immanuel Kant

DÍA 15

Ahora que lo pienso mi relación con la comida no ha sido del todo buena. Si estoy contenta quiero celebrar con alimentos que me agradan, y si estoy triste no me dan muchas ganas de comer. De hecho, ayer me excedí comiendo chocolates. Igual que el día anterior. Y la semana pasada. He intentado muchas dietas a lo largo del tiempo. Si miro hacia las generaciones pasadas en mi familia, recuerdo a mi madre haciendo muchas dietas para bajar de peso y verse esbelta. Mi abuela odiaba la cocina y nos lo repetía continuamente. Y al ver hacia los ancestros de mi esposo, su familia tiende a la sobrealimentación. Si lo enfoco de esta manera no me sorprende que mi hija haya pasado de la sobrealimentación a la restricción alimentaria. Debo ser honesta en mis acercamientos personales y familiares hacia los alimentos.

Empecé mi tratamiento psicológico con una terapista en el pueblo donde vivo. Me abruma pensar que voy a pasar una hora lejos de casa sabiendo que mi hija no está bien. Sin embargo, ya empiezo a verme demacrada, pues no he podido conciliar el sueño. Mi hija y yo pasamos mucho tiempo en citas médicas; vivo con el temor de recibir malas noticias. Sus órganos no están funcionando bien. Tiene un nivel de desnutrición muy crítico. Me siento muy sola.

"El amor es dar unos pasos atrás,
tal vez más, para dar paso a la felicidad
de la persona que amas".

Winnie-the-Pooh (Alan Alexander Milne)

DÍA 16

Mi botón de alarma se ha encendido tantas veces que temo que se haya quedado atascado en ese estado. Pasa el tiempo y veo la palidez y delgadez de mi hija, su falta de energía, sus dientes oscurecidos de vomitar, su cabello escaso, sus manos moradas. Me pregunto cuándo va a mejorar. Noto que convivo con la fantasía respecto a cómo me gustaría que fueran las cosas. Me doy cuenta de que no he aceptado la realidad, pues sigo pensando que hay algo mejor. Que cuando ella mejore, entonces sí que seré feliz. La dificultad que presento para aceptar lo que es proviene de lo que considero debe ser. Una niña de doce años debe ser cien por ciento sana. Al verlo así suena algo rígido. Y más si sujeto mi idea de felicidad a un condicionamiento exterior rígido y estático. Realmente no sé de dónde, pero así vivo esa fantasía.

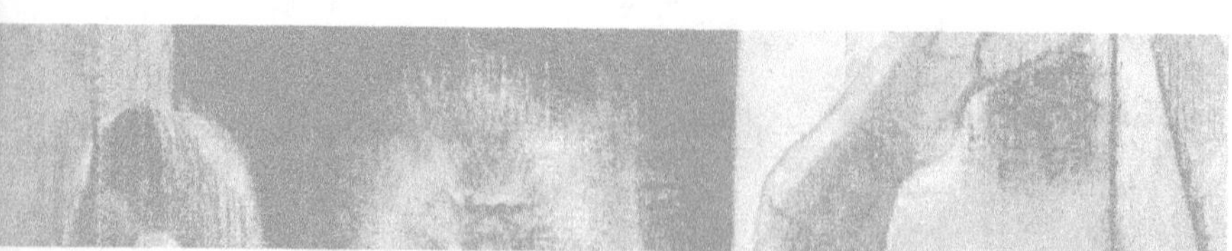

Hoy me doy cuenta de que la felicidad no tiene condicionamientos. Que con un trastorno alimenticio o sin él, hay espacio para la felicidad; porque la felicidad es una idea creada desde mi propia cabeza. Es allí donde muevo significados y pareciera que si las cosas no son como quiero que sean, pues voy a sufrir. Para un niño, en cambio, la felicidad es el presente. He decidido redescubrir la felicidad del niño, que aprecia la vida misma como está. Elijo vivir feliz hoy, independientemente de las circunstancias.

"Nunca pude explicarme por qué tardan tanto los niños en crecer. Creo que lo hacen a propósito".

Matilda (Roald Dahl)

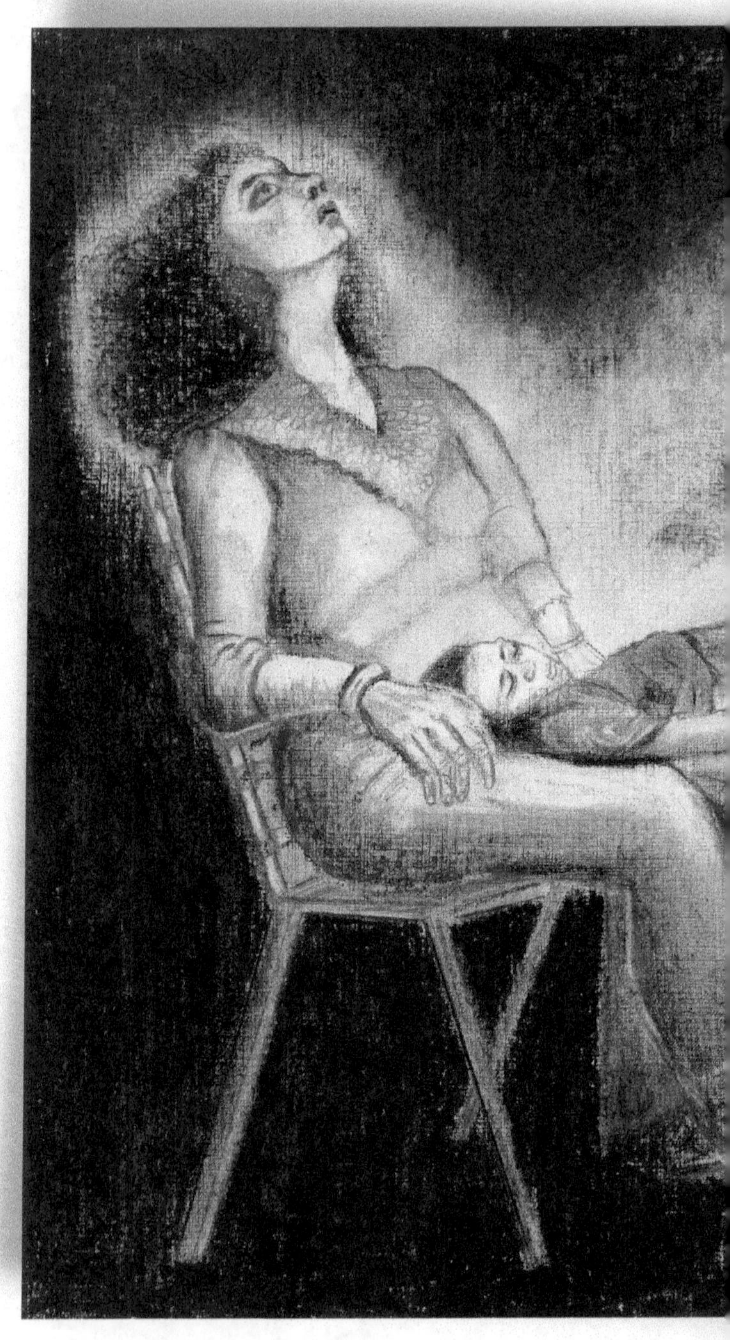

DÍA 17

Han empezado a aparecer un sinnúmero de rituales en torno a las ingestas de mi hija. La veo esparcir el carbohidrato por todo el plato, separa la carne de la verdura, corta la comida en pedacitos muy pequeños antes de llevarlos a la boca, utiliza cubiertos de postre para el plato fuerte, toma mucha agua, y va al baño varias veces, a pesarse en la báscula. Amarra su abdomen con un cordón, se ejercita en las noches, toma agua con limón para cortar la grasa, quiere ser vegetariana y pide verduras (solo en hojas) como lechugas exóticas. Masca chicle todo el día. Se la pasa viendo programas de comida en internet o en la televisión, buscando consejos para adelgazar. Quiere salir a caminar y correr después de las comidas. Esconde los alimentos para que yo no los prepare. Esos, y otros rituales más.

Creo que estoy enganchada por completo de los rituales y comportamientos de mi hija. Por donde voy me encuentro con comida escondida y eso me pone furiosa. No lo puedo evitar, está muy desmejorada y siento que soy parte de un juego en el que ella siempre me lleva la delantera para arruinar su propia salud. Desafortunadamente en este momento no puedo soltarla sin poner su salud en riesgo. Mi prioridad es el manejo adecuado de mis propias emociones.

"O ya no entiendo lo que está pasando o ya pasó lo que estaba yo entendiendo".

Carlos Monsiváis

DÍA 18

Me he enojado conmigo misma por no haber previsto que la cena que preparé ayer iba a ser un detonante de ansiedad en mi hija. Era su platillo favorito de pequeña y hoy ya no lo es. ¡Cómo extraño los días en que ella sonreía y se veía tan feliz al jugar a ser mamá! Siento tristeza por lo que ya no es, y lloro esa pérdida. Por otra parte, ella siente ansiedad en estos momentos y la vive a su manera. Si retiro el juicio de valor a cada emoción y sentimiento, permitiré el sentir; entonces, juntas, podremos ser.

La ansiedad, la tristeza, el enojo, son partes vitales del ser. Si los evitamos sin ningún reparo, estaremos creando máscaras muertas de sonrisa congelada que miran al exterior. Pero cuando sentimos, entendemos y nos auto conocemos. Es desde ese sentir que podremos pedir ayuda, incluso si el sentimiento mismo nos abruma. El sentir es el presente, no necesito preocuparme por prever nada, pues vivo al día con quien soy. Al hacerlo voy a permitir a otros ser y sentir.

"Las malas hierbas también son flores, una vez que las conoces".

Winnie-the-Pooh (Alan Alexander Milne)

DÍA 19

Recuerdo cada vez que fui a ver a la psicóloga terapeuta en Inglaterra con mi libreta de apuntes. Durante nuestros encuentros (algo raudos, pues me agobiaba saber que mi hija estaba sola en casa), yo quería saber cómo criarla. No me interesaba hablar de mí misma, no había tiempo para eso. Llegaba ávida de consejos útiles para asegurarme de que mi hija pudiera mejorarse rápido. Específicamente, quería que las cosas volvieran a la "normalidad". Yo iba por soluciones. Recuerdo que salía frustrada de esas sesiones y sintiéndome muy decepcionada porque la terapeuta siempre quería saber más. Me pedía que pusiera todo mi terror, mi frustración y mis deseos en palabras.

El poder de la descarga verbal ha logrado cambios importantes en mi vida personal. No siempre lo he encontrado fácil y, para ser franca, los dos primeros años solo asistí a terapia con la esperanza de ayudar a mi hija. No siempre entendía "el proceso" pues esperaba soluciones rápidas, de impacto, sin dolor ni frustración. Pero así como un masaje corporal proporciona alivio a los músculos contraídos después de la sesión y puede ser doloroso durante el procedimiento, la terapia hablada hace lo propio. Puede arrojar mejoras después de varias sesiones. Considerando mi manera de ser, la terapia hablada ha resultado de gran ayuda.

"Me siento más o menos como alguien que tenía la cabeza en las nubes y ha caído de repente".

Winnie-the-Pooh (Alan Alexander Milne)

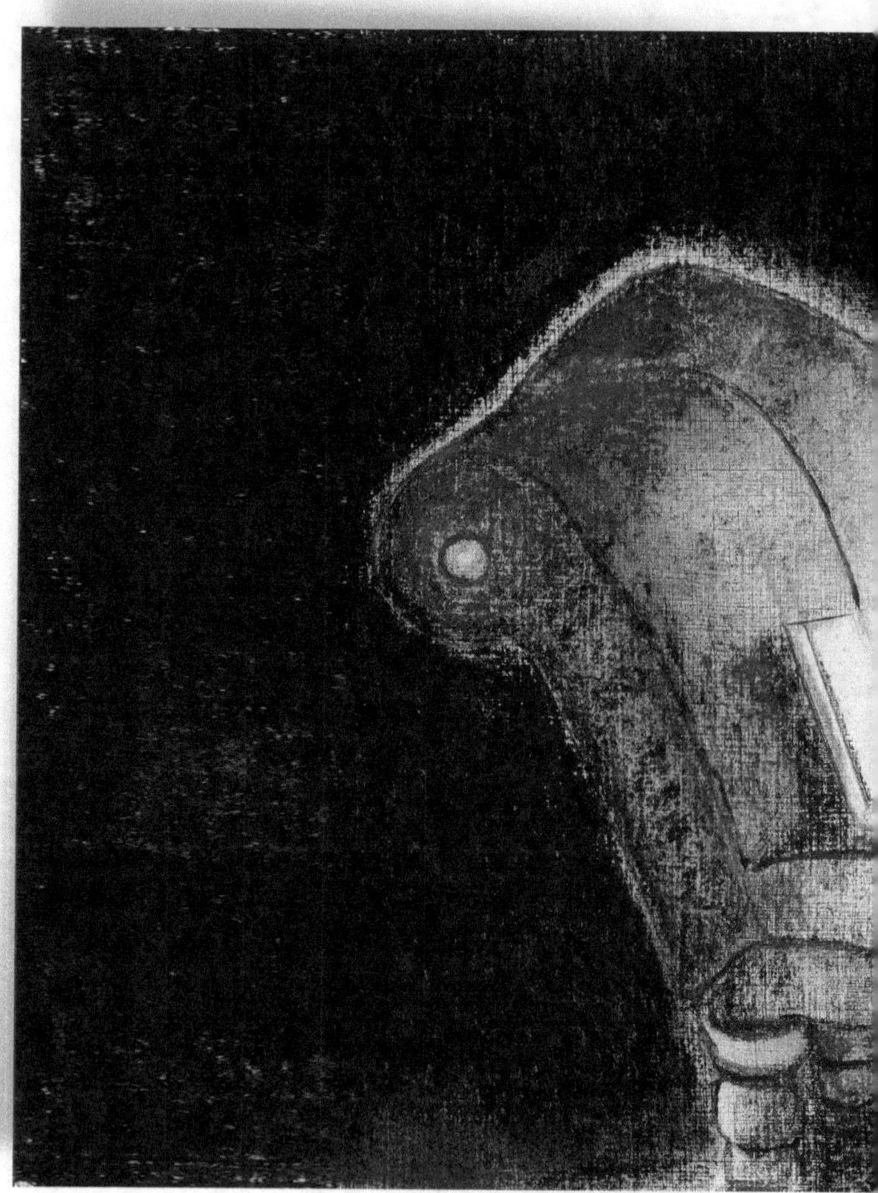

DÍA 20

Resulta triste descubrir que las enfermedades de salud mental cargan consigo un estigma. Me he encontrado con comentarios ignorantes en la iglesia, según los cuales los síntomas de enfermedad de salud mental son el resultado de la posesión demoníaca. Estos comentarios solo aíslan a familias enteras con o sin dificultades de salud mental, privándolas de compartir y recibir el cariño y comprensión que tanto necesitan. De otra parte, hay personas cálidas, llenas de afecto y amor que hacen que toda preocupación se desvanezca, nos aceptan y ofrecen su compañía, alegre e incondicional.

Estar cuidando de mi hija veinticuatro horas al día, los siete días de la semana, me lleva a pensar que no hay vida sin enfermedad. Por eso hoy he decidido salir a ver a una amiga. Necesito cambiar de ambiente. Una amiga es un refresco para el alma cuando esa amistad es sincera, calurosa y desea lo mejor para el otro, sin juicios ni expectativas. Anhelo con el alma que mi hija tenga buenas amigas.

"Después de todo, uno no puede quejarse. Tengo mis amigos".

Winnie-the-Pooh (Alan Alexander Milne)

DÍA 21

La semana pasada soñé que alguien cercano moría y yo lloraba su partida. Y anoche soñé que estaba embarazada. La mente tiene maneras formidables de darnos a conocer nuestro interior. Al reflexionar, sí creo que algo murió dentro de mí. Murieron mis expectativas fantasiosas sobre cómo deberían ser las cosas. Murió lo que no fue, para dar la bienvenida a lo que es. Muchas veces una muerte genera vida; la semilla cae a la tierra fértil y debe morir para germinar, crecer, dar futo; el cuerpo de la oruga cae y muere para que la mariposa salga. En esa metamorfosis hay una transformación. Hay lugar para algo nuevo. Una historia nueva y viva que se teje día a día no sobre la base de lo que debería ser sino sobre lo que es nuevo, fresco e impredecible. Doy la bienvenida a lo nuevo que viene, que ya germina en mí.

El maravilloso mundo de los sueños cuando dormimos, esas historias donde todo es posible, nos permiten ver nuestro funcionamiento mental en el inconsciente. Allí hay verdades escondidas, llenas de simbología, que pueden revelar realidades sobre quienes somos y cómo estamos. Ese registro infinito de movimientos mentales, de ajustes y de balanceos, conforma el impredecible escenario donde cualquier cosa puede suceder. Sin juicios, sin barreras; es allí donde somos, de manera ilimitada y libre.

"¿No sabes que todos tenemos un mundo de hadas dentro?".

Mary Poppins (Pamela Lyndon Travers)

DÍA 22

La literatura para padres de hijos con trastornos alimentarios me dice que no debo ser una medusa, es decir, aquella madre que llora todo el tiempo. Que no debo ser un rinoceronte, es decir una madre furiosa que alimenta a la fuerza o solo reprocha. Me dice que no debo ser como un avestruz, pretendiendo que mi hija no está enferma con un trastorno de alimentación. Que más bien debo ser un delfín, que la acompaña por igual en los momentos altos y bajos de la enfermedad.

Al situar la literatura y las recomendaciones existentes bajo el lente de la vida práctica, creo que soy todos los animales en diferentes momentos. Incluso los he vivido todos a la vez en un lapso de diez minutos. Amo a mi hija pero no al trastorno alimentario, por eso a veces quiero llorar de enojo y pretender que no me corresponde la tarea de ser madre de una chica en esta condición. Si soy honesta agregaría el pájaro a la teoría de las posibilidades, pues a veces quisiera volar como un ave, muy lejos y no saber más de trastornos alimentarios. Procuro ser el delfín; sin embargo el delfín también tiene sus retos. Como madre delfín se me exige acompañar a mi hija sin sofocarla, cuidarla y asegurarme de que no ponga su vida en riesgo, pero dándole autonomía y una agenda flexible, ya que es una adolescente. Hay cierta tensión en la manera como se pueden navegar estas dificultades sin hacer más daño.

"Comprender significa ser capaz de hacer".

Goethe

DÍA 23

Hoy es un día de gran victoria: mi hija ha empezado a comer aquellas cosas que no podía recibir en los últimos meses. Entiendo que es su victoria y que realmente necesita mucho más que un buen plato de comida. Sin embargo, es un triunfo ver que lo recibe. Ya son bastantes los días que acumula recibiendo una mínima cantidad de alimentos, lo cual es alarmante y sumamente peligroso para su salud. Me pregunto qué ha funcionado. Es posible que el componente de ansiedad de esta condición esté menguando. Lleva varios meses en casa sin socializar más que con sus primas. Soy consciente de que el aspecto social resulta algo difícil para ella, pues en el colegio sus compañeras la maltrataron. Mi felicidad es tan obvia que me ha hecho pensar acerca de la sesión con la terapeuta sobre familias amalgamadas o fusionadas. Son aquellas relaciones en las que se presentan dificultades para diferenciarse del otro. Un amalgamiento mío con mi hija es muy posible, pues no tengo familia a mi alrededor, mi esposo viaja constantemente con su trabajo, y son muchas las horas que pasamos juntas en casa.

He decidido organizar un viaje trasatlántico para ver a la familia en Los Ángeles, California. De esta manera mi hija podrá pasar tiempo con niñas de su edad, y yo, con los míos. Me he apoyado en la terapista de mi hija en Inglaterra para coordinar este viaje. Aunque son muchas las variables que rodean esta decisión tengo la certeza de que es necesario salir y cambiar de ambiente. Calladamente me intranquiliza la posibilidad de una desmejora, ya que mi hija se expondrá a comidas diferentes y a entornos sociales nuevos. Este reto, en su momento, lo viví como algo enorme y difícil de sortear, ¡casi imposible! ¡Pero lo hicimos!

"Es curioso cómo la distancia hace que todo parezca más pequeño".

Frozen (Jennifer Lee)

DÍA 24

Mi hija lleva varias semanas comiendo de manera un poco más tranquila. Le ayuda mucho comer frente al televisor. Nos sentamos juntas y cenamos viendo algún programa que le llame la atención. Siento la presión que me incita a asegurarme de que ella continúe estudiando, pues apenas empieza la secundaria. Me agobia la responsabilidad de cuidar su salud, su vida social y su programa académico. He empezado a buscar grupos locales de Educación en Casa. Realmente necesito apoyo. Los meses venideros requerirán de toda mi energía para cumplir con sus estudios, su plan nutricional y la vigilancia natural que toda madre ejerce alrededor de las relaciones interpersonales de sus hijos.

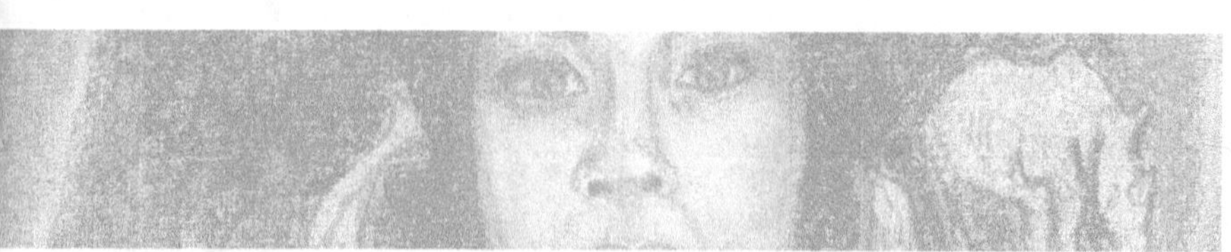

Mi propia recuperación se ha ido al suelo. Mi esposo ha caído en depresión y esto ha tenido un fuerte impacto en nuestra familia. Cada día hago mi mejor esfuerzo para seguir cubriendo las necesidades de mi hija y mi esposo. Si cubro mis implementos básicos de higiene corporal, y programo una llamada por semana con una amiga por teléfono mientras subsidiamos la crisis, me aseguraré de no caer en el descuido.

*"Todos estamos conectados
en el gran ciclo de la vida".*

**El rey león (Linda Woolverton,
Irene Mecchi y Jonathan Roberts)**

DÍA 25

Ya han pasado varios meses desde que mi esposo se recuperó. Sin embargo, mi hija no se siente muy segura de regresar al colegio. Definitivamente siento que necesita una terapia especializada. Por lo pronto seguiremos en casa. He encontrado un plan que estructura los exámenes conducentes a su certificado de secundaria. Su alimentación sigue estable; no obstante, hay días en los que no entiendo su reflujo y palidez. Dudo de mi capacidad para ayudarla. No siento que el sistema de forzarla a comer (como lo indicaban las pautas del centro médico de seguridad social local) sea lo apropiado para ella. No he podido encontrar una terapista infantil especializada en desórdenes alimenticios. La psicóloga que ella visita no cuenta con esta especialidad y en realidad no creo que sea la mejor opción.

Es solo ahora, luego de varios años, que mi hija me habla abiertamente de su experiencia con la psicóloga infantil. Al no tener conocimiento sobre los desórdenes de la alimentación, se pueden cometer muchos errores. Considero necesario recalcar que existe una gran diferencia entre recibir tratamiento con la persona adecuada y conformarse con quien no lo es. Tuvimos que esperar tres años para poder acceder a personal calificado. La insistencia lo ameritaba. La terapia adecuada ayuda a prevenir la cronicidad de la enfermedad.

*"La flor que florece en la adversidad
es la más rara y hermosa de todas".*

**Mulán (Rita Hsiao, Chris Sanders, Philip LaZebnik,
Raymond Singer y Eugenia Boswick-Singer)**

DÍA 26

He conseguido a alguien que me puede ayudar en casa una vez al mes. En tiempos tan inciertos esta persona se ha convertido en mi familia y mi apoyo. Contar con esta acompañante amable y cariñosa en casa, así sea una vez al mes, me ha permitido delegar ciertas tareas. Ella también me alertó sobre la cronicidad de los vómitos de mi hija. Yo no me había percatado aún de esto y al saberlo me entristece su sufrimiento. Soy consciente de que mi hija necesita mucho más de lo que recibe. Requiere ayuda profesional. Mientras la obtengo, decido avanzar en mi tarea de ser madre. Se me ocurre que una mascota, un perro, sería un estupendo regalo de cumpleaños para ella y para toda la familia. Junto con mi esposo decidimos hablar con nuestra hija y le reiteramos lo mucho que la amamos, y que ese amor no depende de lo que ella elija hacer; es incondicional.

Max, nuestro perro, se ha convertido en un miembro muy importante de la familia.

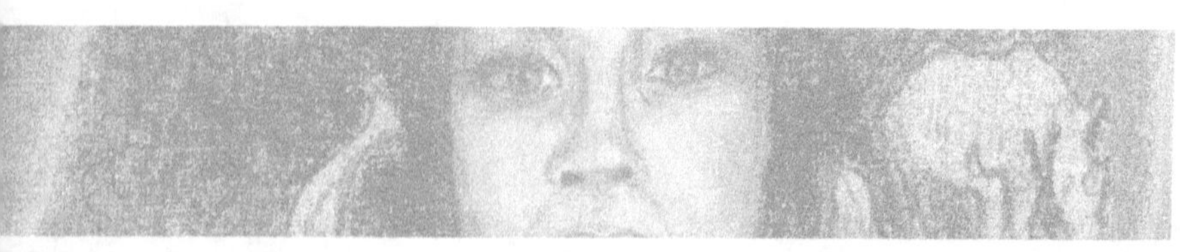

Todo el tiempo que he pasado sola y en silencio los últimos años ha sido revelador y muy productivo en mi vida interior. El silencio ha permitido la introspección y se ha convertido en fuente de salud y paz. Al estar sola, he aprendido realmente a estar conmigo. Años atrás no me soportaba a mí misma, pues no tenía la curiosidad de conocerme; es más, creo que me atemorizaba la idea. Buscaba la afirmación afuera, en el otro. Pienso que me falta mucho por descubrir en mi ser interior. Sin embargo, me acerco cada vez más y sé que voy camino a disfrutar plenamente de mi presencia. En mi opinión el autoconocimiento solidifica un cimiento indestructible.

"Reírte de ti mismo, es amarte a ti mismo".

Mickey Mouse (Walt Disney y Ub Iwerks)

DÍA 27

¿Y si mi hija muere? ¿Por qué me azoto con esas preguntas sin sentido? Sé que la muerte es una posibilidad. Aun así, ¿de qué me sirve atormentarme con algo sobre lo cual no tengo ningún control? Esa pregunta me lleva a pensar que dentro de mí hay una omnipotencia, una grandiosidad que quiere controlarlo todo. En realidad, la muerte es una certeza para mi hija y para todos, pues todos vamos a morir algún día. En la muerte hay certeza. Mas la vida es incierta. Debo más bien ocuparme de la vida, del hoy, de mi parte en este vivir cotidiano. De pronto replanteo: ¿Y qué tal si me preocupo por esa parte viva que hay en mí y a cada día le doy ese trozo de afán, compromiso y atención que merece?

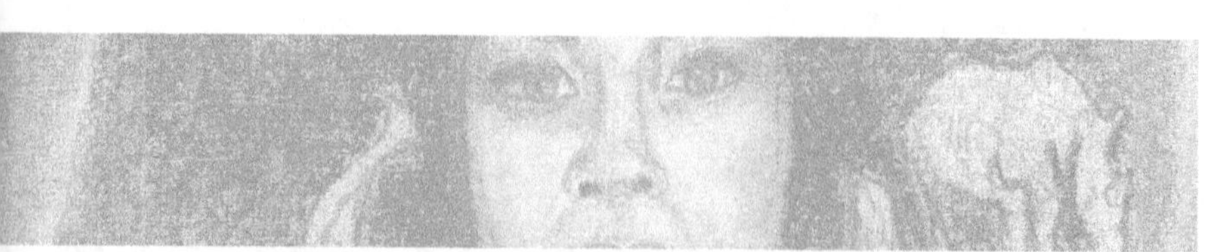

Hoy entiendo que al cuidar de mí estoy contribuyendo en buena medida al bienestar de mi hija. Todo lo que pueda hacer para descargar mi mente, atender mi cuerpo y desarrollar mi vida social, espiritual, profesional, creativa y recreativa, contribuye a mi propia salud. Solo cuando yo estoy bien puedo cuidar de otro.

"Vivir... esa será mi mejor aventura".

Peter Pan (James Matthew Barrie)

DÍA 28

He procurado mantener abiertas las líneas de comunicación con mi hija. Es la manera más eficaz de ayudarla y de ayudarme. Sin embargo, no siempre ha sido fácil. Las veces que por su condición me ha mentido, encuentro comida en la basura, o veo que vomita, siento la dificultad de navegar el tono y contenido de las conversaciones. Entonces estamos completamente solas. Ella encuentra bastante difícil socializar y yo encuentro las recaídas muy complejas. Desde que estudia en casa, la disminución de su vida social y su notoria desmejora han reforzado el amalgamiento. Me he propuesto invitar a cenar a varias familias de la iglesia, y asegurarme así de que tengamos visitas con cierta regularidad.

La vida en familia con un ser querido que tiene un trastorno alimentario puede girar en torno a la enfermedad. Considero que las oportunidades de salir y relacionarse con otras familias, por difícil que parezca, son un factor importante en la recarga y estabilización del entorno familiar.

"Convivencia es, ante todo, compartir, participar en la vida ajena y hacer participar al otro en la propia".

Enrique Rojas

DÍA 29

Hoy desperté con ganas de correr. Nunca he sido experta. De hecho, odiaba correr en la secundaria. Pese a todo hoy quisiera correr y correr sin parar. Quiero huir. A las 7:00 a.m. fui a la habitación de mi hija. Al verla tan pálida desde el nacimiento del día, su aspecto tan sombrío, y respirar ese olor extraño en su habitación, mi pensamiento vuelve a la idea con la que abrí los ojos. La miro y, sin reaccionar abiertamente, quiero sostener una conversación normal, pero estoy paralizada. Dentro de mí hay un remolino que se mueve a gran velocidad. Siento calor, que estoy sudando. Miro por la ventana. Me repito: hoy será un día diferente, no de esos en que libramos esta batalla solas. No tengo más fuerzas para continuar. Íntimamente presiento que la jornada va a ser difícil. Muy en lo profundo, he empezado a dudar que mi hija logre completar la secundaria.

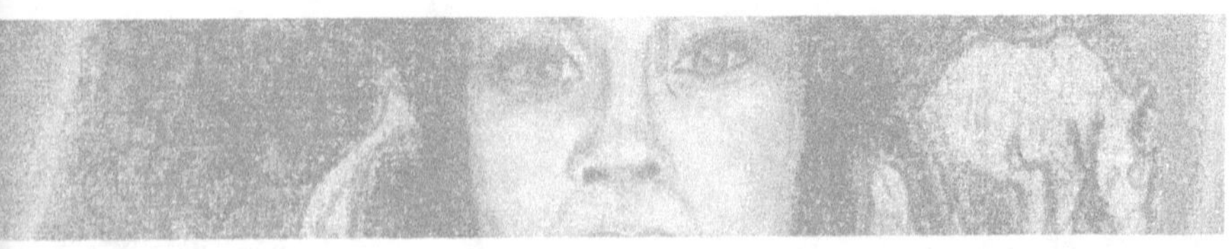

Todo lo que contienen mis pensamientos está bajo mi control. Y esta es la forma como represento el momento que atravieso. Si preveo un fracaso, una decepción, pues soy la creadora de mi propio sufrimiento.

En realidad, cada pensamiento que tengo es una decisión. Y ese pensamiento tiene un valor, un peso específico que influye en mi día de manera potente. Solo al descubrir que soy responsable de mi pensamientos, puedo vivir de otra forma todas y cada una de las situaciones que enfrento. Intentaré ampliar las posibilidades para este momento, incluidas las que ya he previsto. Si termina o no la secundaria eso ya lo veremos. No hay nada definido. Eso me da una idea de la verdadera libertad que permite dar vía libre a todas las posibilidades.

"Eres más valiente de lo que piensas,
más fuerte de lo que pareces
y más inteligente de lo que crees".

Winnie-the-Pooh (Alan Alexander Milne)

DÍA 30

Los medios de comunicación, videoclips, y las redes sociales, nos saturan con la idea de cuerpos esqueléticos poco saludables y dietas milagrosas para lograr dicha delgadez a la fuerza.

Si escucho conversaciones del común de la gente, el tema de las dietas parece estar presente en todo momento. Es muy posible que nos estemos moviendo hacia un patrón cultural que promueve el desconocimiento total de nuestros cuerpos y su funcionamiento real. Creo que hemos encontrado una pieza más en el gran rompecabezas de lo que conocemos como trastornos alimentarios.

Cada vez que veo en acción "la cultura de la dieta", me pregunto cómo puedo vivir sin inmutarme ante dicha insensatez que atenta contra la salud pública. Un componente importante es la compra diaria de alimentos. Ya no compro productos dietéticos o alimentos bajos en calorías. Quiero volver a una alimentación saludable que cubra todos los grupos de alimentos, incluidos los buenos aceites y grasas, y sé que al hacerlo estaré corriendo contra la corriente. De hecho, correré a favor de mi propia salud y la de toda mi familia.

"¡¡Soy bajo y gordo y estoy orgulloso de eso!!

Winnie-the-Pooh (Alan Alexander Milne)

DÍA 31

"¿Y cuál es tu relación con tu propio cuerpo?". Esa pregunta me tomó por sorpresa. Mi respuesta automática fue: Pues nadie tiene una "relación" con el cuerpo. Una relación solo se da entre dos seres vivos, personas o animales. Luego de un rato pensé en la relación matemática que existe entre las partes y el todo. Y resolví esclarecer lo que pasaba: que yo vivo mi cuerpo en mi cabeza y mi cabeza no tiene cuerpo. Después de meditarlo en casa me di cuenta de que mi relación con mi cuerpo incluye mis pensamientos y actitudes hacia este, mi imagen corporal y la satisfacción o insatisfacción con la manera como se ve desde mi propio lente. Y visto desde esa perspectiva, mi relación con mi cuerpo nunca fue buena. Para empezar, yo vivía el cuerpo en una especie de estado de negación; es decir, el cuerpo no existía, y no existía porque no me gustaba lo que había. Siempre pensé que tenía algo por mejorar, algo que no estaba bien. Mis brazos muy gordos, mi espalda ancha, mi estomago muy abultado. La lista resultó larga. Todo esto me demostró una gran falta de compasión y cuidado amoroso hacia mi propio cuerpo.

Existe un sistema vital interconectado que hace posible que mi cerebro envíe señales al cuerpo. Esa conexión es automática e involuntaria. De igual manera mis emociones tienen una interacción con la parte física y corpórea de mi ser. Hoy día estoy convencida de que mis pensamientos, actitudes, sentimientos y creencias pueden tener un impacto directo en mi funcionamiento físico. Mi relación con mi cuerpo se ha ido desarrollando a partir del autocuidado, del conocimiento y el autorreconocimiento de cómo funciona mi parte física a todo nivel. Es una pieza importante en la restauración de mi salud física y mental.

"El pasado puede doler, pero, tal y como yo lo veo, puedes: o huir de él o aprender".

El rey león (Linda Woolverton, Irene Mecchi y Jonathan Roberts)

DÍA 32

Aunque el peso corporal de mi hija y sus ingestas no están en los niveles más bajos, el médico hoy la ha diagnosticado con una depresión crónica. Estoy convencida de que mi hija necesita un médico de salud mental que le ayude. Me agobia ver que siga sufriendo sin apoyo profesional. Lo he hablado con ella y hemos tomado la decisión de empezar a llenar formularios para que regrese a coronar su certificado de secundaria en un colegio local. Ella esta ilusionada, pues tiene una gran vocación académica. Hoy, luego de tres años en casa, mi hija regresa a la secundaria a subir los últimos peldaños de su educación. Ha sido un logro muy grande estudiar de la manera que lo ha hecho con los resultados académicos que obtuvo. Mi esperanza es que en el instituto ella cuente con un departamento de psicología, que la orienten hacia un terapista, y así mismo pueda relacionarse con los chicos de su edad. Aunque la incertidumbre me abruma, escojo pensar bien y abrigar la esperanza de una recuperación futura.

A pesar de no tener acceso a profesionales de la salud, mi tarea hasta este momento ha sido informarme, leer y conocer más y más acerca de los trastornos alimentarios, nutrición, adolescencia, salud mental y educación en casa, a fin de entender cómo ayudar a mi hija.

Por razones ajenas a nuestra voluntad tuvimos que salir de nuestra casa y esto ha restado estabilidad a mi vida y la de mi hija. Ni ella ni yo tenemos ya acceso a terapia psicológica. Reconozco que estos movimientos me han resultado francamente difíciles. Sin embargo, hay una secundaria pequeña en el lugar al que nos dirigimos, donde la reciben, y así podrá obtener su certificado.

"No estoy loco,
mi realidad es diferente a la tuya".

Alicia en el país de las maravillas (Lewis Carroll)

DÍA 33

Hoy he llevado a mi hija a servir en un voluntariado con perros rescatados. Es una labor que a ella le llamó la atención. Considero importante buscar áreas de desarrollo personal que le atraigan y ayuden a tener contacto con otros chicos; además, esto también permite que su mente esté en otro lugar. No me gusta que vea programas de cocina en internet o en la televisión, pues inevitablemente envían a su cerebro señales falsas de llenura estomacal. Ahora que conozco más acerca de los trastornos alimentarios, veo la cantidad de mensajes basura en la televisión e internet que pueden hacer mucho daño a una persona afectada por esta situación.

Una peculiaridad muy propia de esta generación es la proliferación de familias pequeñas; esto trae importantes consecuencias en el desarrollo emocional y social de los hijos únicos. Al ser madre de una hija única hay necesidades de socialización que resulta clave recordar. En mi experiencia, creo que los hijos únicos crecen de modo diferente por su contacto permanente con adultos, papá y mamá. La maternidad también es más intensa, pues toda la interacción familiar del hijo único recae sobre la mamá. Ese fue mi caso, y aunque amo a mi hija y disfruto su compañía, siempre he querido asegurarme de que pueda socializar con chicos de su edad.

"Los niños de hoy en día saben tantas cosas que dejan pronto de creer en las hadas".

Peter Pan (James Matthew Barrie)

DÍA 34

Finalmente, ahora que mi hija ya casi cumple 16 años, hemos conseguido una profesional en el área de trastornos de conducta alimentaria. Han pasado varios años y solo me queda la esperanza de que haya días de menos sufrimiento para mi hija. Hemos obtenido ayuda psiquiátrica, una psicóloga clínica de cabecera y una nutricionista. Además, se le ha asignado una médica general que esté al tanto de su salud con enfoque holístico, hilando todo el tratamiento tanto físico como mental. La entrada al instituto de la secundaria ha sido un reto social grande para mi hija. Su peso corporal y sus ingestas han bajado considerablemente. Me preocupa la cronicidad de su estado de desnutrición. Ahora que va al instituto siento un gran alivio por no llevar la carga de su progreso académico y social. De otra parte, este deterioro en su masa corporal es preocupante; tenemos una lista considerable de estudios médicos por realizar. Me gustaría mucho la compañía de un ser querido.

Mi tarea de madre está evolucionando. Mis roles activos como terapeuta, amiga, profesora, psicóloga, y nutricionista han sido abordados por profesionales de la salud preparados para ello. Es un alivio poder retomar mi rol materno, que sigue siendo acompañar, brindar una presencia activa y escucha a mi hija siempre que lo necesite, apoyarla con su tratamiento, y llevarla a sus citas médicas cuando lo requiera. Estos movimientos en mi papel de madre demandan energía, y saber sintonizarme sobre la marcha con las exigencias del momento. Quiero retomar actividades propias. Empecé con la pintura y también he decidido iniciar un voluntariado en una ONG (Organización no gubernamental) que ayuda a jóvenes en drogadicción.

"No subestimes el valor de no hacer nada, de seguir adelante, escuchar todo lo que no puedes oír y no molestar".

Winnie-the-Pooh (Alan Alexander Milne)

DÍA 35

Hemos recibido pautas nuevas, como por ejemplo no hablar del cuerpo o de comida en casa para ayudar a erradicar la parte obsesiva en la mente de mi hija; otra es preparar cenas y almuerzos normales sin temor a que mi hija se rehúse a comer lo que se le sirve en la mesa. También me han enseñado cuál es la porción de alimentos adecuada para ella. Y aunque se muestre ansiosa, es precisamente esa ansiedad la que se tratará durante su terapia clínica. Acojo las pautas con agradecimiento, pues nos ofrece una plataforma nueva, con la ilusión de su mejoría. Hay una creencia que atesoro dentro de mí, una expectativa, un deseo; ahora que mi hija tiene ayuda profesional se mejorará rápido y sin recaídas. Creo que estoy viviendo la verdadera recuperación, que ahora sí ella va a dejar de sufrir, y yo también.

Todo tiene su tiempo, y su momento. Un profesional de la medicina, por dedicado que sea, no puede garantizar por sí solo la mejoría de ningún paciente. En especial, una recuperación de salud mental requiere tiempo, energía, compromiso del paciente y su familia o allegados, y sobre todo, paciencia. La recuperación tiene movimientos, avances y recaídas; incluye tiempos mejores y peores, sufrimientos, silencios, pausas, y por supuesto, las anheladas victorias. He empezado a trabajar en la parte llamada "fusión familiar". Me he dado cuenta de que llevo varios años sobrealimentándome. El asunto lo explica el deseo de que mi hija me imitara. Debo empezar a considerar mis necesidades personales e individuales, que no son iguales a las de mi hija.

"Los ríos saben esto: No hay prisa.
Llegaremos allí algún día".

Winnie-the-Pooh (Alan Alexander Milne)

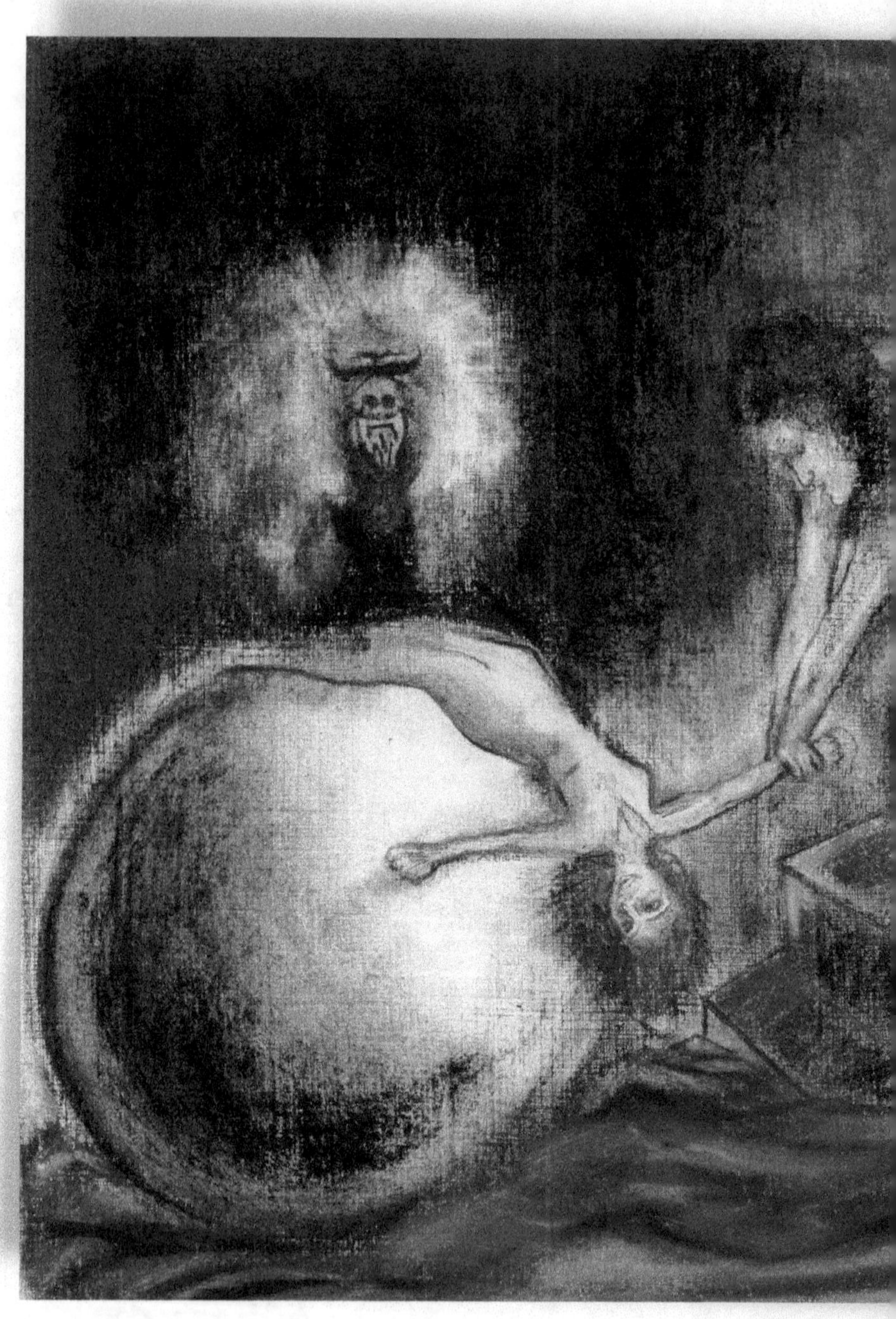

DÍA 36

Los niveles de ansiedad de mi hija son muy altos ahora que ha empezado el colegio. Aunque ya tiene acceso a terapia psicológica especializada y psiquiátrica, me he dado cuenta de que se está lesionando. Se hace cortes en su abdomen y en los costados. Es evidente el sufrimiento de mi hija, y su dificultad para afrontar situaciones sociales. Todos sus amigos tienen conflictos y retos de salud mental. Al hablar con ella noto una gran culpabilidad. Le reitero lo mucho que la amo. No hay razón para sentirse culpable. Mi esposo ahora trabaja desde casa, lo que es un gran apoyo para mí y para mi hija.

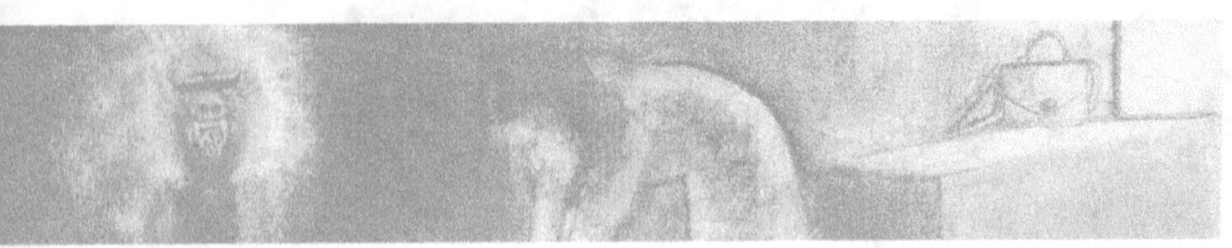

Todos evolucionamos y hay sistemas que para desarrollarse deben atravesar por largos corredores, fríos y oscuros. Es parte del proceso. Creo que nos pasa a todos. Pienso que en las familias se pueden mover atmósferas de todo tipo; de culpa, ansiedad, o de amor, por citar solo unos ejemplos. A veces coexisten, con impactos positivos y negativos para todos los miembros del hogar. Cuando prevalece la atmósfera de culpa, se percibe, y hace sentir culpable a todos —con o sin razón—. Si en cambio prevalece la amorosa, todos se sienten amados y aceptados. Y esas atmósferas no permanecen estáticas. También evolucionan con nosotros. La ansiedad y culpabilidad de mi hija me llevan a reflexionar sobre mi propia ansiedad y culpabilidad. En definitiva, me siento culpable, hay ansiedad en mi conducta, y esto ha sido así desde antes de que el trastorno empezara en ella; pero también siento que mi ansiedad y culpabilidad han evolucionado. Es un hecho acerca de mí que debo empezar a entender. Voy a retomar la terapia psicológica, pues considero necesario ayudarme.

"Sabía quién era esta mañana, pero he cambiado varias veces desde entonces".

Alicia en el país de las maravillas (Lewis Carroll)

DÍA 37

Esta mañana mi hija ha colapsado en la mesa del comedor. Ya en el hospital, el médico nos dijo que sufrió un síncope vasovagal. Es una pérdida súbita y breve de la conciencia; me llamó la atención que, al recuperarse, mi hija temporalmente no podía ver por un ojo. Pareciera que se sobreentrenó en el gimnasio; ella misma me contó que intentaba completar dos horas de ejercicio fuerte y es muy probable que fuera demasiado para ella. El médico sugiere dejarla una noche en observación. Mi hija no quiere quedarse y tomar los alimentos que dan allí, pues no los conoce. Es difícil navegar por un espacio mental frágil; se puede hacer más daño que bien. Resulta muy importante asegurar sus ingestas, de otra manera su vida corre peligro. Ya en casa hemos decidido cuidarla y plantear límites con respecto al ejercicio. Su terapista y médicos de cabecera han decidido hacer más pruebas médicas para asegurar su bienestar.

Me siento cansada de preocuparme por lo que puede pasar. Sé que no tengo forma de evitarle a mi hija consecuencias a largo plazo en su salud debido a que su estado de desnutrición ya no solo es crítico sino también crónico. Han pasado cinco años y entiendo que el patrón de recuperación en un paciente con trastorno alimentario no es lineal, sino en espiral hacia arriba y circular. Siempre se pasa por los mismos retos, pero a través de un proceso evolutivo, es decir, con el respaldo del aprendizaje obtenido en su experiencia pasada. Aunque el paciente recae no es un retroceso, pues se cuenta con el conocimiento adquirido la última vez que se presentó un evento. La lectura me ayuda a ordenar mis emociones. He pedido dos libros más.

"Algunas personas se preocupan demasiado.
Creo que eso se llama amor".

Winnie-the-Pooh (Alan Alexander Milne)

DÍA 38

A medida que pasa el tiempo, y al contemplar cómo se han desarrollado las cosas en nuestra familia, de repente veo un camino. Es como si se hubiese abierto un sendero que no había visto antes. Nada ha cambiado y todo cambió. Es porque ha nacido en mí un lente nuevo, veo las cosas de otra manera. Amo a mi hija, y por primera vez no la veo separada de su trastorno de conducta alimentario. Hoy la veo completa. Creo que esto se llama aceptación.

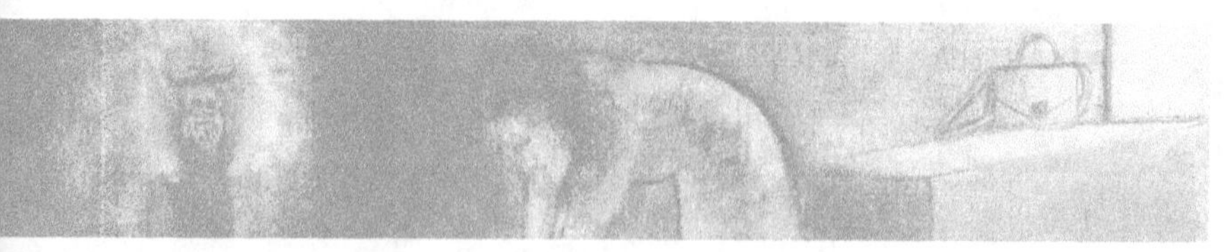

He querido definir la aceptación como un acto expreso o tácito de recibir, asumir, dar la bienvenida, aprobar, abrazar todos los componentes presentes en otra persona, bien sean elementos físicos, mentales, espirituales, derechos, cargas, condiciones, limitaciones, cualidades o fortalezas, sin reparos ni querer cambiar nada en ellos. Su trastorno alimentario es un mecanismo de acople que su cerebro utilizó para poder funcionar de cualquier manera ante una situación de trauma, fuese cual fuese.

Los adultos nunca entienden nada por sí mismos y es algo extenuante para los hijos tener que explicarles siempre las cosas".

El principito (Antoine de Saint-Exupéry)

© Galia Carolina Smith MSc, PhD.

DÍA 39

Ya de regreso en Inglaterra espero que haya más claridad en el plan de recuperación de mi hija. Desde que llegamos (casi llevamos un año aquí), mi hija ha perdido mucho peso. A medida que seguimos las restricciones del COVID, me llama la atención que la población esté tan asustada. Creo que llevo tiempo viviendo calladamente con mucho miedo a la muerte. Quizás debido a ello el COVID me resulta algo parecido y por eso lo puedo manejar. Hay que tener consideración con los demás. No conozco sus dificultades ni se cómo libran sus batallas. Mi hija me acaba de decir que no quiere seguir con su tratamiento médico, ni el terapéutico ni el psiquiátrico. En Inglaterra, por ser casi mayor de edad, está en libertad de tomar sus propias decisiones, haciendo caso omiso a sus padres.

Cuando enfrento un problema que no conozco lo encuentro incierto y me desafía el hecho de no tener una respuesta exacta. Llevo bastante tiempo sin saber qué va a pasar. Lo único que he aprendido acerca de la incertidumbre es que hay que abordarla con calma; y que lo mejor es concentrarme en aquello que es de mi competencia y control en el corto plazo. Precisar mis metas y discernir lo que verdaderamente es importante para mí, me aporta mucha claridad y me trae paz.

*"Un poco de consideración,
un poco de pensamiento para los demás,
hace toda la diferencia".*

Igor -personaje de Winnie-the-Pooh (Alan Alexander Milne)

DÍA 40

Hoy tuvimos una ceremonia de graduación de mi hija como bachiller. Siento alivio y un agradecimiento supremo, con Dios, con la vida, con mi esposo, con las terapeutas que nos han ayudado. Pero sobre todo, ¡estoy tan orgullosa de mi hija! Es una guerrera.

Este logro es suyo, no mío, pues para mí hubiese sido más fácil que no estudiara, y que hiciera manualidades en casa. Lo celebro porque muestra muchas otras facetas de mi hija. No solo es la hija enferma. También es una mujer joven con sueños y ambiciones personales.

En este momento esta pálida, ojerosa, y sin mucha energía, pero lo logró. Su peso es el más bajo de los últimos años. No obstante, obtuvo resultados académicos maravillosos. ¡Qué admiración siento por ella! A pesar de todas sus batallas, siempre tuvo en la mira su objetivo. Nunca soñé llegar hasta aquí. Escojo pensar que lo mejor está por venir, y aunque la ceremonia sea vía Zoom, pues estamos encerrados por el COVID, ¡estoy tan gozosa de saber que mi hija logró su objetivo personal a pesar de sus retos de salud! Luego de seis meses sin terapia médica ella decidió reanudar el tratamiento con su terapista.

Mi hija me ha inspirado a persistir en mi sueño de ser y vivir a pesar de las circunstancias. Ella continúa con su batalla, pero mejor armada, con ayuda profesional y el apoyo incondicional de sus padres. He empezado a reconocer que la vida no consiste en evitar las batallas a toda costa, o en pretender que no las tenemos; se trata de equiparnos con las mejores herramientas a la mano para apostarle al mejor resultado. Mi hija no es una enfermedad, es una adulta joven con ideas, sueños grandes y pequeños, con muchas capacidades y talentos.

"Lo que embellece al desierto es que esconde un pozo en cualquier parte".

El principito (Antoine de Saint-Exupéry)

EPÍLOGO

Ya han pasado más de siete años desde el momento en que mi hija fue diagnosticada con un trastorno alimentario. Ella continúa en tratamiento y ha escogido estudiar Psicología en una universidad inglesa. Las batallas continúan y también el acopio de herramientas nuevas para darle calidad de vida a mi hija. Solo que ahora la batuta de su propia recuperación la tiene ella. He empezado a pintar y dibujar, siempre amándola y siempre con el corazón dispuesto a escucharla.

"Voy a amar a mi hija hasta el final".

Magic Johnson

FIN

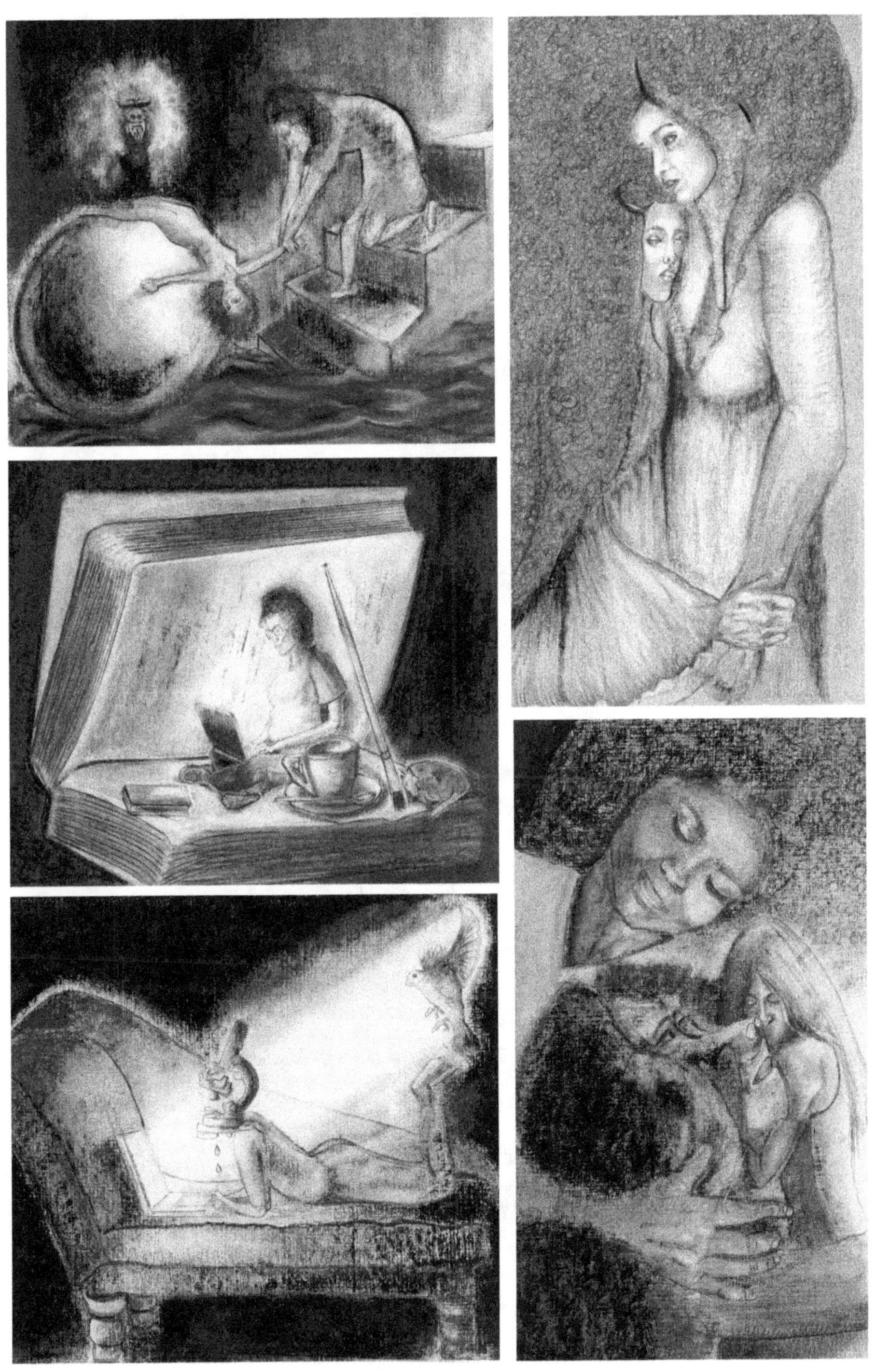

Nota del autor: Estas ilustraciones están disponibles como herramienta terapéutica y estímulos visuales para contextos clínicos de tratamiento de padres e hijos con trastornos de conducta alimentaria. yotambienmerecupero.com